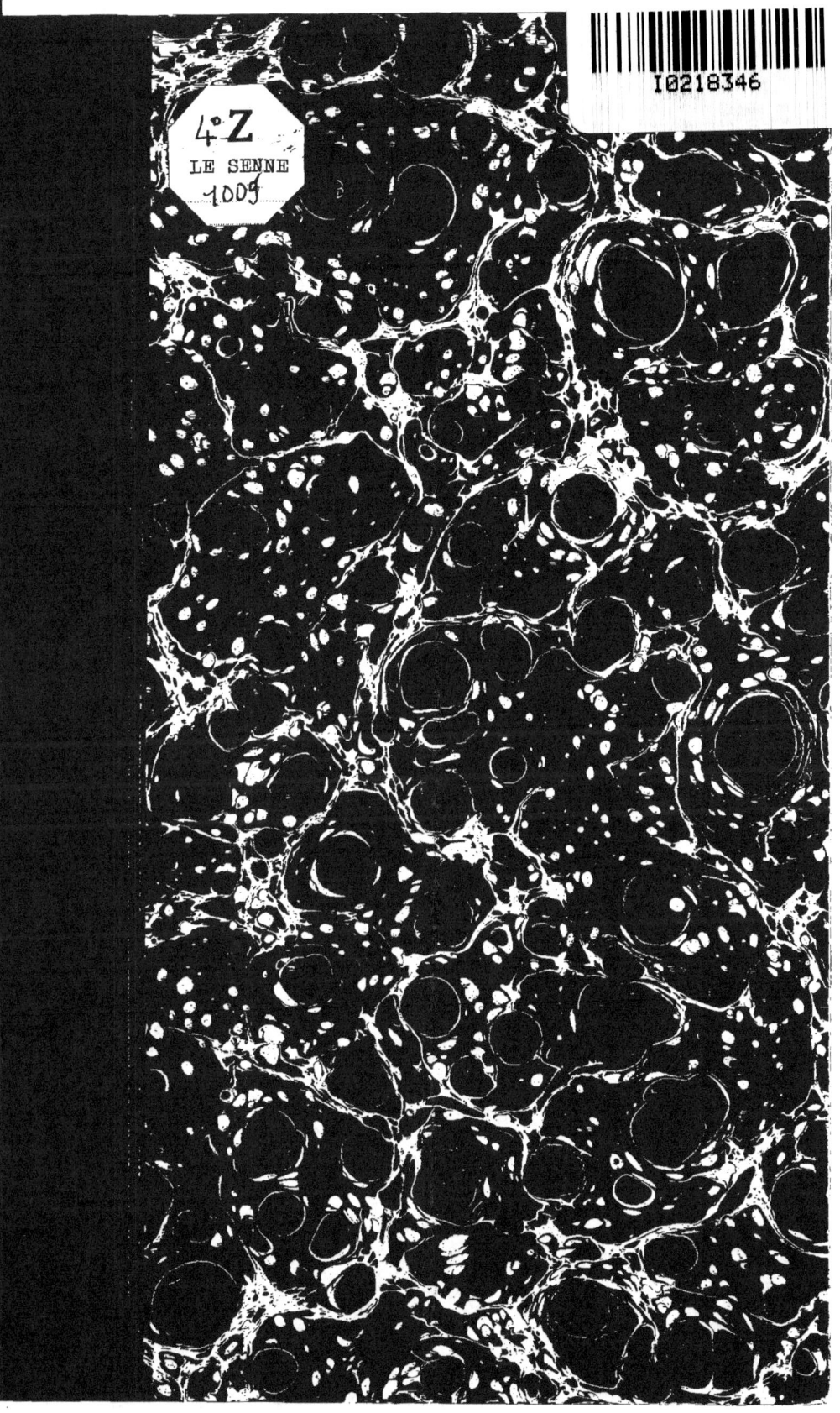

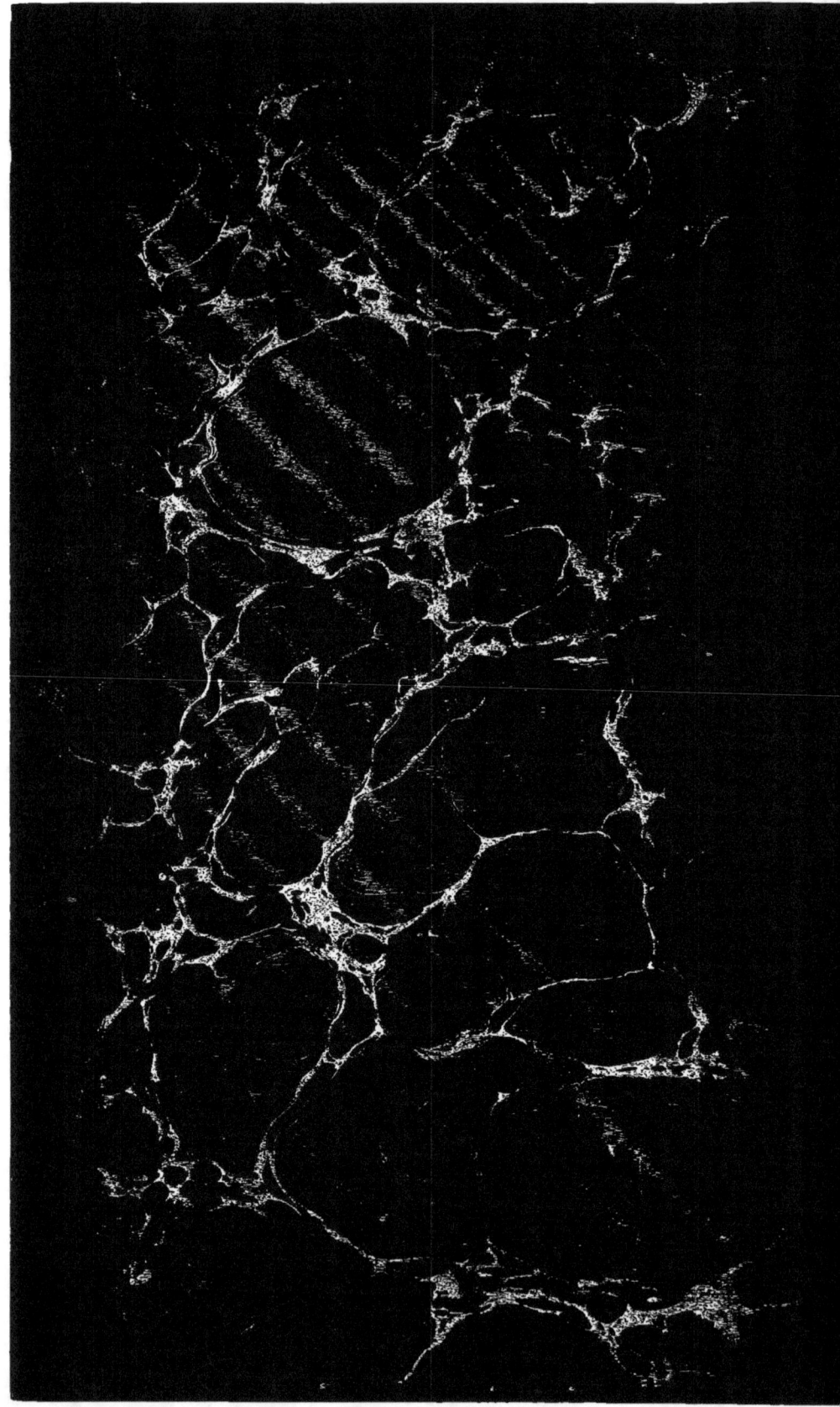

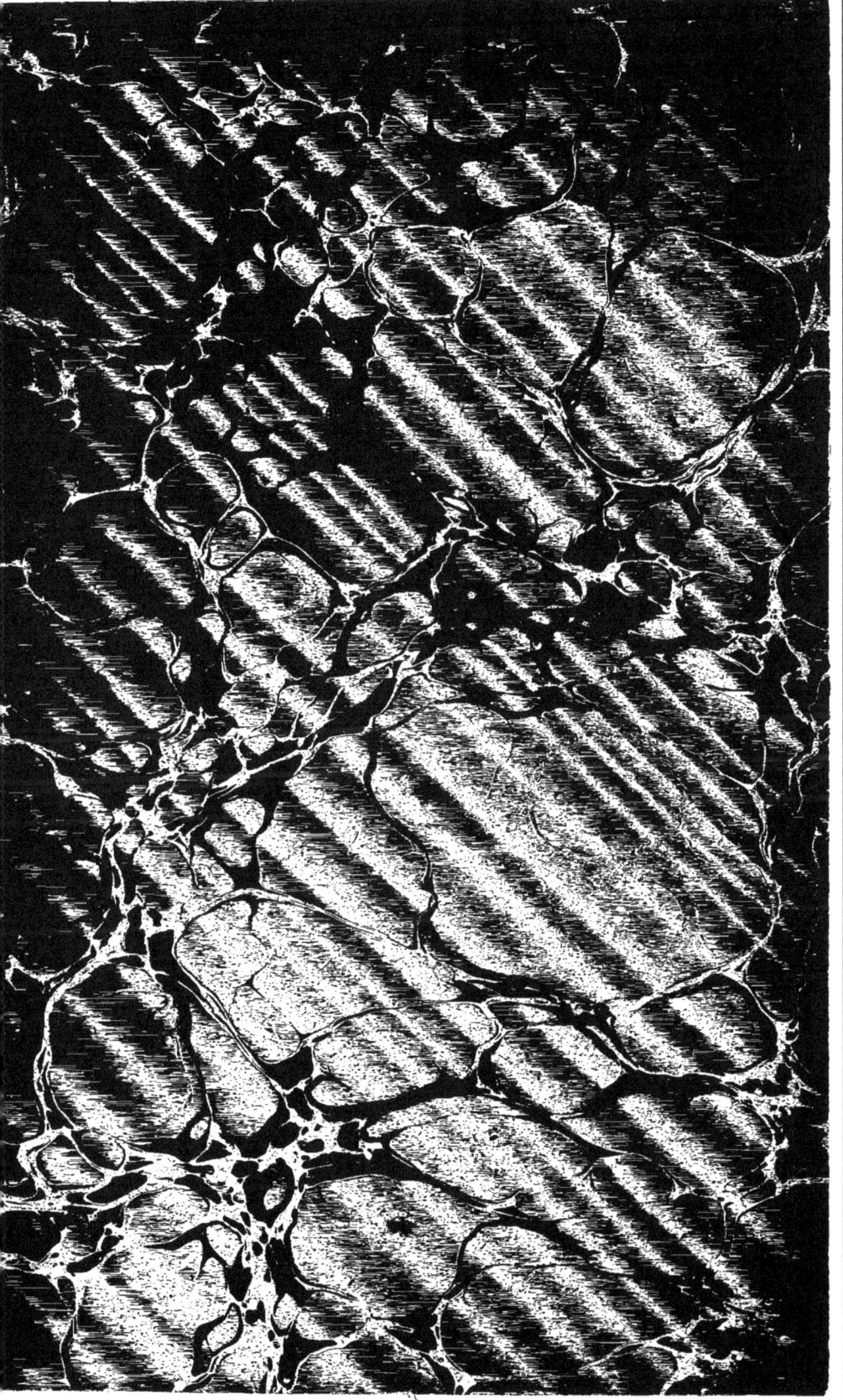

L'AVENUE MONTAIGNE

ÉTUDE SUR LA MAISON GRÉCO-ROMAINE
ANCIENNE RÉSIDENCE DU PRINCE NAPOLÉON

PAR

THÉOPHILE GAUTIER, ARSÈNE HOUSSAYE
CHARLES COLIGNY

PRIX : UN FRANC

PARIS
AU PALAIS POMPÉIEN
ET A LA LIBRAIRIE INTERNATIONALE
BOULEVARD MONTMARTRE, 15

RÉPÉTITION DU JOUEUR DE FLÛTE ET DE LA FEMME DE NICOMÈDE
Dans l'Atrium de la Maison de S. A. I. le Prince Napoléon

GOT   SAMSON

RÉPÉTITION

LE

PALAIS POMPÉIEN

ÉTUDES

SUR LA MAISON GRÉCO-ROMAINE

ANCIENNE RÉSIDENCE DU PRINCE NAPOLÉON

PARIS
AU PALAIS POMPÉIEN

DE L'IMPRIMERIE L. TOINON ET Cᵉ, A SAINT-GERMAIN

LE PALAIS POMPÉIEN

I

VOYAGE AU PALAIS

Si l'étranger entrait à Paris par l'Arc de triomphe de l'Étoile, ce poëme granitique où l'art moderne a sculpté les plus belles pages de l'épopée impériale, il croirait entrer dans la capitale du monde. Malheureusement ce n'est presque jamais par cette porte radieuse qu'on entre dans Paris. Avant de sentir battre le cœur de la grande ville, il faut le plus souvent traverser une voie immonde et douloureuse ; mais prenons patience, Paris se fait beau, Paris se fait grand, et avant la fin du siècle chacune de ses portes sera digne d'être saluée par le voyageur.

Les Champs-Élysées sont le pays des Parisiens qui n'ont rien à faire, c'est-à-dire des gens les plus occupés. En effet, qu'est-ce que le travail en face du désœuvrement ?

C'est aussi le pays des Anglais et des Américains, qui sont le trait d'union entre le vieux Paris pauvre et la Californie future.

S'il me fallait faire la géographie de Paris, je diviserais la grande ville en plusieurs pays : Paris ancien et nouveau, Paris passé et Paris futur, Paris qui dort et Paris qui veille ; il y aurait aussi le Paris infernal et le Paris élyséen, le Paris qui travaille et le Paris qui s'amuse, le Paris qui pleure et le Paris qui chante.

Cette géographie de Paris est à refaire tous les dix ans. Par exemple, qui me dira où est le centre de Paris? Les vieux historiens me parleront de la Cité, de la rue de la Harpe, de la rue Saint-Denis, de la place Royale et du Louvre; les contemporains, du Palais, de la place des Victoires, du Palais-Royal, de la place de la Bourse, du boulevard des Italiens, de la place Vendôme.

Il y en a même qui me diront : Le centre de Paris, c'est le rond-point des Champs-Élysées.

Depuis que le bois de Boulogne est un square de Paris, depuis que les plaisirs de l'été envahissent les Champs-Élysées, depuis que les plus beaux hôtels et les plus belles villas ouvrent leurs yeux au soleil dans les avenues voisines jusqu'à l'avenue de l'Impératrice, le rond-point est le point central.

C'est au rond-point que l'avenue Montaigne commence, pour finir au Cours-la-Reine.

Dans cette avenue combien de demeures princières où ce sage qui s'appelait Montaigne se fût gaiement reposé après tous ses voyages! On pourrait parler du petit bijou mauresque de M. le baron de Lesseps ; de l'hôtel gothique de M. le comte de Quinsonas, une merveille d'architecture qui renferme bien d'autres merveilles. Mais nous voici au palais Pompéien.

II

HISTOIRE DE POMPÉI

L'antiquité est l'éternelle source de jeunesse de l'esprit humain : il n'y a rien de nouveau que ce qui a vieilli, a dit Bulwer, le romancier de Pompéia. La vie moderne est venue réveiller la vie antique. Cette ville, subitement engloutie sous un déluge de cendres, conservée intacte dans les entrailles de la terre, est ressuscitée tout à coup à la face des siècles modernes.

En chercheurs et en artistes que nous sommes, nous avons rendu le mouvement à Pompéia inanimée, et la vie à la fameuse rue des Tombeaux. La vapeur n'a pas craint de venir gronder autour du Vésuve ; maintenant c'est une lutte entre les deux titans. Pauvre Vésuve ! il se laisse explorer en chemin de fer comme s'il n'était que Montmartre.

Tout le long du chemin de Naples à Pompéi, on regarde la mer, cette plaine liquide de Racine, ce désert liquide de Byron, et on regarde le volcan en murmurant le vers de Victor Hugo :

Toujours le noir géant qui fume à l'horizon!

Pompéi, c'était la Campanie, voisine de Rome, trop voisine des belliqueux Romains. Pompéia devint romaine dans les guerres samnites. Aux beaux temps de Rome, tout allait à Rome ; l'Italie était la société où vivaient pêle-mêle les débris des nations vaincues par les légions romaines ; l'Italie les accueillait toutes dans son sein avec leurs usages et leurs divinités. Elle s'imaginait qu'elle réussirait à s'assimiler tous les éléments de l'univers. Elle s'imagina qu'elle rendrait latine la langue osque des Pompéiens.

Les Pompéiens se révoltent contre les Romains. Après la bataille de Cannes, ils se jettent dans les bras d'Annibal et jurent le serment d'Amilcar.

Autant en emporte le vent du Vésuve et les armes des Romains.

Un siècle après, Pompéi s'insurge contre Sylla. Mais Sylla la force à rester romaine. Les Romains en font leur ville de plaisance. Cicéron y a sa maison.

Auguste y envoie une colonie qui fonde le faubourg d'Augustus-Félix. Claude y prend une villa, pendant que Massaline reste sans doute à Rome, dont elle fait sa Caprée. Adrien, ce Périclès impérial, veille sur la magnificence de Pompéi ; la population égalait celle de notre Versailles ; l'étendue était comme celle du château et du jardin des Tuileries.

Soixante-trois ans avant J.-C., un tremblement de terre renverse Pompéi ; une page de Sénèque dit que les temples croulent, le Forum, la Basilique, les théâtres, les tombeaux, les maisons. Les familles s'enfuient ; cette première fois le Vésuve les laisse partir. Pompéi se relève et se repeuple, dans l'ordre corinthien romain : il se met à la mode du jour. Ce n'est plus un paysan du Danube devant Rome, c'est une miniature de Rome, c'est une colonie romaine au temps de César, comme Alger est une ville française du xixe siècle. Le séjour de Pompéi est partagé entre les Grecs, les Romains et les chrétiens, comme Alger entre les Arabes, les Français et les juifs.

La fin de Pompéi n'est pas la fin d'une ville, c'est la fin d'un monde. Depuis soixante-dix-neuf ans, l'aube du Christ blanchissait le front de Rome. La société romaine tombait en dissolution sous la virginité et sous le martyre du christianisme. Des débris du colosse, qui édifiera un monde nouveau ? Les chrétiens, ces hommes obscurs, méprisés, perdus dans les derniers rangs de la populace. La gloire du christianisme est d'avoir accompli la résurrection du peuple.

Quand Pompéi tremble sous un César ou sous le Vésuve, les chrétiens seuls ne tremblent pas. Le jour que le Vésuve surprit Pompéi de son grand incendie, les Romains poussaient les chrétiens devant les bêtes du Cirque. Ce fut le 23 novembre 79 de J.-C. qu'eut lieu la grande destruction de Pompéi. Pline parle « d'une nuée noire et horrible, qui, déchirée par des traînées rapides et serpentines de feux phosphoriques, se fendait en longs sillons de flammes semblables à des éclairs et plus grands mêmes que des éclairs. »

Rien de pareil dans l'histoire. Tout fut englouti. La chaleur de l'incendie alla même jusqu'à Rome, et Rome eut peur. Titus, qui voulait faire tous les jours une ville heureuse, voulut relever Pompéi. Titus meurt, et Pompéi reste ensevelie.

Pendant dix-sept siècles, le monde ne songe plus à Pompéi. Personne ne songe à s'écrier : A qui retrouvera Pompéi perdue ?

Le Vésuve grondait toujours et toujours s'enflammait. On a compté une vingtaine d'éruptions depuis la disparition de Pompéi et d'Herculanum. La plus fameuse est de l'époque de Masaniello et de ses travailleurs de la mer, de Salvator Rosa et de ses Compagnons de la Mort.

En 1748, sous Charles III, un colonel du génie, don Rocco Alcubierre, demande à pratiquer des fouilles. L'abbé Barthélemy, auteur d'*Anacharsis*, écrit alors à Caylus : « Ces fouilles sont mal conduites. » Winckelmann dit à son tour : » Si l'on y va de ce train, nos descendants à la quatrième génération trouveront encore à fouiller dans ces mines. »

Sous Ferdinand IV, peu de fouilles, mais toujours des éruptions. Hamilton en a raconté une à la façon de la lettre de Pline à Tacite. Les Français viennent en Italie. — Je vous attendais ! leur dit une voix de dessous terre ; c'était la voix de Pompéi. Les Français sont toujours attendus partout. Les soldats de la République prennent les villes de l'Italie et fouillent les ruines du Vésuve. Championnet envoie à Barras des vestiges de Pompéi.

Murat — je veux dire Napoléon — ou plutôt Napoléon, qui est roi de Naples sous le nom de Murat, s'empare de tous les terrains de Pompéi. Caroline Murat va fouiller Pompéi avec l'artiste Canova, ce Canova qui a sculpté toute la famille Bonaparte, qui s'est inspiré de l'Agrippine du Capitole pour Mme Lætitia, de la Vénus victorieuse pour Pauline Borghèse, qui a sculpté Élisa en Muse, Marie-Louise en Concorde.

En 1748, Charles III avait envoyé douze forçats aux fouilles de

Pompéi. En 1813, Murat distribue quatre cent soixante-seize ouvriers. Mais vient le cri des Italiens : « Quiconque trahit Murat sert l'Italie. ». La fortune aussi trahit Murat. Les Bourbons vendent les terrains de Pompéi. On remet des cendres sur les fouilles. On ne découvre plus rien que de temps en temps. En 1829, Raoul-Rochette ne trouve à Pompéi qu'une vingtaine de mineurs. Pompéi retombe peu à peu ; elle n'offre plus que des ruines de ruines.

Franchissons les ans et les règnes. Après la conquête de Garibaldi, le gouvernement italien place sept cents ouvriers à Pompéi. M. Fiorelli est chargé des nouvelles fouilles. Elles ont fait découvrir jusqu'aujourd'hui plus de sept cents cadavres. Tous les objets précieux ont été envoyés au musée de Naples. On a retrouvé des choses magnifiques et des choses effrayantes.

On a sous les yeux la cité et le peuple de Pompéi, conservés par les siècles ; on étudie à livre ouvert la ville qui avait pour patronne Vénus physique. La rue des Tombeaux, avec tous ses morts, reparle à la vie. C'est là que demeurait, à côté de Cicéron, cet Arrius Diomède dont la maison est devenue le modèle du palais Pompéien de nos Champs-Élysées. Ce Diomède était un affranchi de Julie, fille d'Auguste, que la poésie et l'histoire ont appelée la maîtresse d'Ovide. Un jour la fille de César fut soupçonnée, et Ovide fut envoyé en exil.

Le jour que Pompéi vit s'avancer le Vésuve en feu, la famille de Diomède se précipita dans la cave de la charmante maison ; on a trouvé dix-sept corps, des femmes, des enfants, et cette jeune fille dont la gorge s'incrusta dans la cendre, cette beauté antique qui a servi d'inspiration à l'art et à la poésie modernes. Quant à Diomède, le riche égoïste se sauva seul, avec une esclave qui portait sa bourse : mais il fut aveuglé et foudroyé devant son jardin.

On raconte encore que la femme d'un Proculus, la favorite d'un Salluste, les filles et les femmes de la fameuse Maison du Poëte, s'attardèrent un instant pour prendre leurs bijoux ; cette minute leur donna la mort. Les femmes, qui ne veulent jamais mourir, savent risquer la mort pour leur coquetterie. Elles se disent qu'une femme sans parure meurt deux fois.

Il y eut deux jeunes amants qui se tenaient étroitement embrassés, comme la Francesca et le Paolo de Dante dans le tableau d'Ary Scheffer. Vous ne songerez pas à cette rue des Tombeaux sans frémir. Elle était cependant la plus riante de Pompéi. Les anciens faisaient de leurs cimetières des jardins; ils épelaient le nom de la mort avec des fleurs. Un de nos contemporains a dit que les fleurs étaient la folie de l'antique.

Maintenant Pompéi nous est rendue. L'eau et la tristesse rongent et minent Venise : l'eau, l'air, la fleur éclairent et parfument Naples. Naples est encore cette belle Parthénope qui cache une volupté dans chaque lettre de son nom, comme Venise une douleur. La couleur et le relief, c'est Naples ; l'épanouissement et la séve, c'est le Vésuve. Le Vésuve antique ne fut jamais si fécond que le Vésuve d'aujourd'hui. Au temps de Pompéi, Portici s'appelait Herculanum, Castellamarre s'appelait Stabie, et Sorrente s'appelait Surrentum; cette Sorrente dont le nom a donné des harmonies imitatives à Sainte-Beuve :

> Sorrente m'a rendu mòn doux rêve infini...

A l'extrémité du golfe, Misène et Minerve : Misène, d'où Pline a daté ses épîtres à Tacite sur les derniers jours de Pompéi; Minerve, qui semble avoir donné son nom à M. Minervini, l'historien de la maison de Lucretius, comme Raoul-Rochette a été celui de la maison du Poëte Tragique, comme Théophile Gautier de la maison d'Arrius Diomède.

Quel savant ou quel poëte n'a pas écrit sur Pompéia ressuscitée ?

Un jour on découvre, dans la maison du Faune, la mosaïque d'Alexandre : cette mosaïque met la plume à la main aux seigneurs Quarantas, Vescovali, Sancchez, Carlo Fea, Janelli, Schreiber, Velcker, Quatremère, Avellino, l'archéologue du *temple d'Isis*, Nicolini, le poëte d'une splendide tragédie de *Ninus*, dédiée au prince Napoléon.

A Pompéi, il y a la maison de François II, de Joseph II, de la reine d'Angleterre, du roi de Prusse, de Goëthe, de la duchesse de Berry, du duc d'Aumale. A Paris, il y a la maison pompéienne du prince Napoléon.

*

II

LE PALAIS

LE RÊVE

Il est un rêve que fait naître chez tout artiste un voyage à Pompéi ; cette ville, qu'une mort soudaine a préservée de la lente destruction des siècles et qu'on a retrouvée intacte dans son linceul de cendres, comme une momie égyptienne, grâce au Vésuve, ce terrible embaumeur ; en parcourant ses rues qui gardent encore l'empreinte des chars, on les repeuple de leurs passants antiques ; en visitant ces maisons que la vie semble avoir abandonnée hier et auxquelles il ne manque guère qu'une toiture, on les restaure en idée, on y loge sa fantaisie, et l'on se dit malgré soi : là je mettrais mon lit, ici ma bibliothèque, là mes tableaux, plus loin mes fleurs rares ; puis l'on reprend le chemin de Naples ; et l'on oublie ce désir rétrospectif qui va où vont toutes les chimères.

Ce rêve, un prince intelligent et ami des arts l'a exécuté, et l'avenue Montaigne a vu s'élever une maison antique aussi complète que celle d'Arrius Diomède, du poëte tragique, ou de Pansa. En isolant son regard et en le fixant sur la façade, on pourrait se croire à Pompéia, rue de Mercure ou de la Fortune, avant l'éruption du volcan ; car ce n'est point un à peu près élégant, mais une restitution rigoureuse où Vitruve lui-même ne trouverait rien à reprendre, un traité d'archéologie d'une science profonde écrit en pierre et qu'on peut habiter.

LA FAÇADE DU PALAIS

Une grille légère entrecoupée de piliers trace la ligne de démarcation entre la voie moderne et la maison antique, qui vous apparaît comme une vision d'un monde disparu, avec son aspect noble, simple et sévère.

La façade présente à l'œil des lignes sobres et pures encadrant des surfaces qu'égayent les richesses de l'architecture polychrome. Le refend des pierres est indiqué avec du minium ; des filets de couleur accusent les ornements des panneaux et de la frise. Un avant-corps tétrastyle occupe le milieu et forme le vestibule extérieur : il se compose de deux piliers aux angles et de deux colonnes ioniennes, teintées de jaune jusqu'à moitié de leur fût et dont les bases et les chapiteaux ont reçu également des colorations. Quatre fenêtres, dissimulées dans les grandes divisions de l'architecture, percent, sans en altérer les lignes, la façade ; deux niches carrées, peu profondes, creusées à droite et à gauche du péristyle, contiennent deux statues en bronze d'une patine verte, une Minerve, l'égide sur la poitrine, et un Achille, si notre mémoire ne nous trompe. Tout cela produit un ensemble tranquille, harmonieux et riche, sans surcharge. Ceux qui accusaient, avec quelque raison, l'architecture antique de froideur, n'en voyaient pour ainsi dire que le dessin. Le temps en avait fait tomber les couleurs, et il est maintenant hors de doute que les monuments de la Grèce, publics ou privés, étaient peints ; les inscriptions trouvées dans l'Acropole avec le compte des sommes payées aux enlumineurs pour tant de coudées de frise, le prouve surabondamment : et nous-même, nous étant hissé sur l'attique du Parthénon, nous y avons vu des traces non équivoques de bleu et de jaune. D'ailleurs, Pompéi n'est-il pas là pour montrer que les anciens, avec leur admirable bon sens, ne séparaient jamais la ligne de la couleur. L'architecture et la statuaire monochromes sont, au rebours de ce qu'on pense, des inventions modernes et relativement barbares. Un seul coup d'œil jeté sur cette charmante façade résout la question mieux que ne pourraient le faire de longues polémiques. La couleur, discrètement appliquée et d'après certaines règles, arrête le dessin, fait saillir les reliefs, varie les surfaces planes, ménage des repos, et par ses différentes valeurs agrandit la construction.

LE VESTIBULE

Quand on arrive sous le vestibule, deux grands chiens noirs, le poil hérissé, les crocs sortis, tendent leur chaîne à plein collier et font mine de s'élancer sur vous. Quoiqu'ils tâchent de justifier par des airs de Cerbère l'inscription placée à côté d'eux : CAVE CANEM, passez sans crainte, ils ne sont qu'en mosaïque et ne vous feront aucun mal; en outre, pour vous rassurer contre leurs aboiements muets, le seuil hospitalier vous donne son bonjour lapidaire avec la formule SALVE.

Ce vestibule portique est décoré avec beaucoup de goût. Les caissons bleus du plafond sont constellés de larges étoiles blanches. Les oves, les palmettes, les doucines ont reçu des teintes jaunes, rouges, vertes, bronzées, qui les détachent et leur donnent de la valeur. Dans les entre-colonnements s'épanouissent des corbeilles de fleurs et se balancent des lampes de forme antique.

Quand on pénètre dans le vestibule intérieur, il semble que l'aiguille des siècles ait rebroussé tout d'un coup de deux mille ans sur le cadran de l'éternité, et vous vous attendez à voir un hôte en toge, parlant latin ou grec, venir au-devant de vous, et l'on cherche involontairement à se rappeler quelque tour cicéronien, quelque phrase athénienne pour ne pas rester court.

L'ATRIUM

Devant vous s'élève le mur de l'atrium, avec sa porte à compartiments carrés et ses panneaux décoratifs. A droite de la porte, lorsque vous tournez le dos à l'entrée, est peinte, sur fond bleu, la déesse Panthée, protectrice de la maison; comme son nom l'indique, Panthée est la personnification de tous les dieux ou plutôt des forces secrètes de la Nature. Aussi ses attributs sont-ils multiples comme ceux des divinités hybrides résumant des idées cosmiques. Sur sa tête, au-dessus d'une couronne d'épis, s'élève, comme une mitre, l'urœus égyptien avec le globe et les serpents; autour d'un de ses bras, dont la main s'appuie à un gouvernail, s'enroule plusieurs fois un reptile formant un bracelet symbolique; l'autre main tient une corne d'abondance; entre les ailes brille, au-dessus de l'épaule, un flambeau posé en carquois. Une peau de lion s'ajuste en péplum sur la tunique blanche. Aux pieds de la figure palpite un aigle à l'envergure éployée. Le caractère de la déesse est une sérénité mystérieuse et profonde, une robustesse tranquille comme il convient à une divinité tutélaire représentant le génie du lieu—genius loci.—Le ton mat et clair rappelle à s'y tromper celui de la peinture encaustique qu'employaient les anciens et dont le secret est perdu, malgré les savantes recherches du comte de Caylus.

Sur le panneau de gauche qui fait pendant à celui-ci, on a figuré un autel votif chargé d'offrandes : fruits, fleurs, bouquets de lotus, parmi lesquels se glisse le serpent d'Esculape, symbole de longévité et de renouvellement. Une ornementation légère, faite de divisions architecturales et de filaments de plantes suspendant des médaillons où sont peintes des cigognes, oiseaux amis de la maison, achève de décorer cette paroi.

Sur les murailles latérales du vestibule sont représentés d'un côté l'Automne s'endormant dans les bras de l'Hiver, de l'autre le Printemps couronnant l'Été de fleurs. Ces sujets sont peints sur un fond de rouge antique, à la manière des fresques décoratives de Pompéi. De chaque côté du sujet principal voltigent, sur fond bleu, des figures épisodiques : à droite et à gauche de l'Automne, un chasseur et une danseuse; près du Printemps, un moissonneur et une Flore. Le soubassement, noir mat, égayé de touffes de glaïeuls ou d'iris, porte sur une plinthe en forme de grecque.

L'atrium était, comme on sait, le lieu important et visible, le centre orné, et, pour ainsi dire, le salon de l'habitation antique. — Sur cette espèce de cour, dont les patios espagnols ont conservé la disposition — disposition qu'on retrouve aussi dans les maisons moresques, —

s'ouvraient les portes des chambres, assez semblables aux cellules des moines autour d'un cloître. Les anciens, qui vivaient beaucoup en plein air et de la vie générale, n'accordaient que peu de place à l'individualité, et leurs appartements particuliers étaient petits relativement.
— L'atrium de la maison néo-antique du prince Napoléon est aussi le lieu le plus important et le plus vaste de l'édifice. On n'imagine pas à quel point cette disposition est élégante et rationnelle, et peut se plier aux exigences de la vie moderne.

Au centre de l'atrium se trouve l'impluvium, c'est-à-dire l'ouverture par laquelle la salle prend jour. Quatre colonnes d'ordre ionique, cannelées jusqu'à la moitié du fût et enveloppées de là jusqu'à la base d'un ton rouge comme d'une étoffe de pourpre, soutiennent sur leurs chapiteaux polychromes, dont les volutes sont rattachées par des guirlandes de feuillages verts, un entablement richement orné et bordé de mufles léonins à langues rouges, vrais sinécuristes ayant pour fonction de vomir l'eau qui ne tombera pas sur la terrasse, protégée par une immense vitrine appuyée à un premier étage en retraite qu'on ne peut apercevoir ni d'en bas ni du dehors.

Un bassin de quelques centimètres de profondeur, pavé de marbres variés et entouré d'une double grecque sur fond de marbre blanc, correspond exactement à l'ouverture supérieure, et, si le vitrage était enlevé, recevrait les eaux pluviales.

Au bord du bassin, entre les deux colonnes du fond, s'élevait naguères comme une sorte d'autel à guirlandes peintes et dorées soutenant un magnifique buste de Napoléon en marbre blanc. Si jamais figure fut modelée pour le paros et le carrare, c'est celle de l'Empereur, et au milieu de cet atrium antique, il avait naturellement l'air d'un Olympien ou d'un César divinisé. Un beau sphinx a remplacé la statue et semble garder le secret de l'antiquité.

Hier j'étais appuyé contre une colonne de l'atrium, regardant le sphinx :

> Rabbin, prophète, oracle, brahme,
> Les sibylles de la forêt,
> L'eau qui chante, le vent qui brame,
> Ne m'ont jamais dit le secret.

— O sphinx, daigne m'ouvrir ton livre
A la page de la Raison :
— C'est dans sa MAISON qu'il faut vivre,
La FENÊTRE sur l'horizon.

La MAISON c'est mon corps. La joie
Y fleurit comme un pampre vert.
La FENÊTRE où le jour flamboie
C'est mon âme — le ciel ouvert.

Autour de l'atrium étaient rangées les images des aïeux, les chères têtes de la famille gardant le foyer avec les dieux lares. C'étaient des bustes en marbre légèrement rehaussés d'or et posés sur des colonnes tronquées en marbre cipolin : Catherine, Lætitia Bonaparte, Joséphine, Marie-Louise, Élise, Pauline, Caroline, Joseph, Lucien, Louis, Charles Bonaparte, Jérôme ; la remarque que nous avons faite tout à l'heure à propos de l'Empereur peut s'appliquer à sa famille : tous ces types semblent créés d'avance pour le ciseau et le burin. Aujourd'hui, autour de l'atrium, il y a des fleurs — la famille universelle.

PEINTURES DE L'ATRIUM

Sur les parois de l'atrium, coupées de portes symétriques conduisant à la bibliothèque, au salon, à la salle à manger, — nous dirions presque au triclinium, — sont peints des sujets allégoriques ou mythologiques encadrés par ces légers cabinets d'architecture fictive qui décorent les murailles de Pompéi et les bains de Titus, ces belles fantaisies dont Raphaël a fait de si heureuses imitations dans ses loges du Vatican.

Le premier panneau à gauche de la porte qui mène à la bibliothèque représente la grand lutte cosmogonique de la Terre et de l'Air, la révolte des Titans contre le ciel. Jupiter, monté sur un quadrige que guide la Victoire, secoue la foudre sur les géants aux formes monstrueuses, qui lancent des blocs de rochers dont la chute les écrase ; la Minerve guerrière et l'Hercule céleste aident leur père et assurent son triomphe. — Cette composition symbolise l'AIR.

Dans la frise, au-dessus du panneau, l'on a représenté la CRÉATION DE L'HOMME, d'après les idées antiques. Le Titan Prométhée, conseillé par Minerve, modèle dans l'argile plastique le premier type de la race des Éphémères. Némésis et les Parques, déesses de la destinée, assistent à cette création ; les Parques se reconnaissent à leurs attributs et à un cippe surmonté d'une urne funèbre auquel s'appuie la dernière. Ainsi l'homme n'est pas encore créé que déjà il est mort. Neptune avec son trident, Cybèle assise sur un trône entre deux lions et tenant un rameau vert, représentent les deux éléments dont se compose la planète sur laquelle vivra la statue que Prométhée pétrit de son pouce, la terre et la mer. Un Mercure psychopompe arrive avec une petite âme blanche à ailes de papillon. Sa fonction de conducteur d'âmes commence.

Cette frise faite par teintes plates étalées dans un trait rigoureusement accusé comme celui qui cerne les figures des vases grecs, a beaucoup de style et de caractère. Ce parti pris décoratif a été suivi pour toutes les autres. Le panneau qu'elle surmonte, plus rapproché de la vue, est aussi plus fini et plus traité en tableau, sans cependant sortir du système méplat que l'on doit adopter pour les peintures murales, sous peine de faire des trous à la paroi par les fuites de la perspective.

Le deuxième panneau, à droite, symbolise le FEU. Phœbus, vêtu d'une draperie d'or, la tête nimbée du disque solaire, monte à l'horizon sur son char attelé de quatre chevaux blancs comme la lumière. Hesper le précède une torche à la main, et son éclat fait évanouir dans l'éther pâlissant les étoiles nocturnes figurées par de petits génies qui se dispersent et se précipitent. Les rayons de l'astre dorent la mer bleue et la terre sur laquelle un satyre, dans une pose admirative, personnifie les forces de la nature éveillées par la présence du dieu.

Si le feu crée, il consume aussi ; il est la VIE et la MORT. Dans la frise qui règne au-dessus du panneau, Apollon, transformé en dieu destructeur, perce à coups de flèches, aidé par sa sœur Diane, les sept fils et les sept filles de Niobé. — Les statues isolées et les groupes de Niobides que l'antiquité nous a légués ont été mis à contribution avec bonheur par l'artiste qui en a reproduit les poses connues.

Sur la paroi de la salle à manger, qui fait face à la bibliothèque, l'on voit, dans le panneau à gauche de la porte, le triomphe de Neptune et d'Amphitrite, divinités de l'ÉLÉMENT HUMIDE; le char, traîné par des chevaux marins, fend les ondes au milieu d'une troupe de tritons, de néréides, d'océanides, de dauphins chevauchés par des enfants : tout ce monde aquatique agite des coraux, tient des madrépores, souffle dans des buccins et se joue autour du char dans les remous de l'écume.

Le sujet de la frise est LA DOULEUR, symbolisée par différents épisodes du sac de Troie. Au centre de la composition, Ajax poursuit Cassandre, qui se réfugie en vain auprès du Palladium. Un peu plus loin, Pyrrhus s'apprête à tuer Priam, et, pour balancer ce groupe, Énée emporte son père Anchise et traîne par la main son fils Iule qui le suit *non passibus æquis*.

LA TERRE est figurée sur le panneau de droite par le triomphe de Bacchus et de Cérès, divinités des forces productrices. Ils s'avancent côte à côte, couronnés de pampres et d'épis, sur un char d'or que traînent des centaures et des centauresses, qui jouent de la double flûte et du tympanon ou agitent des thyrses à pommes de pin. Au premier plan, un serpent sort du calathus mystique; un agneau repose sur une gerbe mûre.

Au-dessus, la JOIE est représentée par une bacchanale, à laquelle préside Lyæus, le dieu libre et gai, le père du contentement. Autour de lui se démènent, se cambrent et se tordent bacchants et bacchantes, ménades, mimallonides, satyres, égypans, en proie au délire orgiaque. Les bas-reliefs antiques abondent en bacchanales, et l'artiste, pour composer la sienne, n'a eu qu'à choisir parmi les chefs-d'œuvre.

Dans le panneau à gauche de la porte d'entrée, Vénus sort du sein des eaux; une conque la porte sur l'azur. Ses cheveux blonds ruissellent de perles amères, et l'écume argentée baise ses pieds blancs. Éros et Antéros, l'électricité positive et l'électricité négative de l'amour, les deux forces opposées, se disputent la jeune déesse. Himéros s'agenouille devant elle; la conque est suivie par une bande de néréides charmées. Jupiter, Neptune et Amphitrite président à cette naissance, qu'il faut entendre plutôt dans le sens cosmique que dans le sens mythologique, car Vénus ici représente la MATIÈRE, produit de l'élément igné et de l'élément humide, et la fable, ne l'oublions pas, fait Vénus fille de Cœlus et de la Mer.

La frise a pour thème l'UNION. Vénus et l'Amour rapprochent le beau Pâris de la belle Hélène; certes, jamais couple ne fut *naturellement* mieux assorti; mais de cette union naquirent une foule de désastres, de calamités et de discordes. Il eût été facile, ce nous semble, de choisir une autre paire d'amants, à moins qu'il n'y ait dans ce choix une malice allégorique que nous n'osons comprendre, de peur d'être trop fin.

C'est à l'ESPRIT qu'est consacré le panneau à droite de la porte d'entrée. Minerve jaillit tout armée du front de son père entr'ouvert par la hache d'Héphaïstos. L'assemblée des dieux assiste à cette genèse bizarre et témoigne un étonnement admiratif. Iris présente la ténia ou ceinture virginale à cette déesse, fille de la pensée, qui n'a pas été créée par l'amour et ne doit pas le connaître.

Dans la frise consacrée au TRAVAIL, l'ingénieux Dédale, le père des arts, fabrique des ailes avec des plumes et de la cire pour lui et pour son fils Icare, symbolisme sous lequel les mythologues veulent voir l'invention des voiles de vaisseau, et qui pourrait tout aussi bien s'appliquer à un premier essai d'aérostation oublié et transfiguré; pour faire pendant à ce groupe, Minerve montre à Palamède surpris les lettres de l'alphabet tracées sur un papyrus. Désormais, les paroles pourront être fixées et ne mériteront plus autant l'épithète d'ailées qu'Homère leur applique si souvent.

Toutes ces peintures sont dues au pinceau de M. Sébastien Cornu, un artiste de talent qui a compris qu'il s'agissait ici d'une restitution archaïque, et n'a pas cherché à faire prévaloir son originalité propre. Toutes ces peintures sont exécutées dans un sentiment d'imitation intelligente, et l'on voit que l'artiste a consulté avec fruit les décorations de la maison de Salluste, des Vestales, des Danseuses, des Hermès et autres habitations célèbres de Pompéi.

Le vestibule et l'atrium sont d'ailleurs les seules pièces qui contiennent des panneaux à figures et à sujets; la décoration des autres salles consiste en champs de couleur, en divisions contrastées servant de fond à une ornementation légère.

LA BIBLIOTHÈQUE

Donnant le pas à l'esprit sur la matière, entrons d'abord dans la bibliothèque ; nous visiterons ensuite la salle à manger. Rien n'est plus élégant et mieux entendu. De sveltes colonnettes de bois de citre, autour desquelles tourne en spirale une brindille de lierre, supportent les rayons et, à mi-hauteur de la salle, une étroite galerie en balcon qui forme comme le second étage de la bibliothèque et permet d'atteindre plus facilement les volumes. Trois parois sont occupées par le développement de ce système. Aux deux bouts, deux cabinets rouges à tiroirs renferment les médailliers, les gravures et les plans ; deux coupes de porphyre sont placées sur deux colonnes de marbre noir de chaque côté de la porte qui mène à l'atrium.

En face, trois fenêtres, ou plutôt une seule et large fenêtre, divisée par deux pilastres, verse un jour tranquille à ce sanctuaire de l'étude ; une cheminée de marbre blanc est ménagée au-dessous de la fenêtre du milieu ; sur la tablette est posé un buste en bronze, ayant un cadran dans le socle. Les anciens ne connaissaient pas les pendules ; ils mesuraient le temps avec des clepsydres, des gnomons et des sabliers ; mais un mouvement d'horloge dissimulé sous un buste ne constitue pas une grave infraction archéologique, et il faut savoir l'heure dans une bibliothèque où tant de beaux et bons livres pourraient la faire oublier. Le plafond a pour ornement des caissons et des losanges tracés en filets de couleur sur un fond de bois de citronnier d'un effet calme et doux à l'œil.

De grandes tables, où doivent s'ouvrir à l'aise les in-folio et où le travail peut leur amonceler des volumes autour de lui pour ses recherches savantes, sont, avec des fauteuils et des tabourets de forme antique, les seuls meubles de cette salle que peuple l'esprit des siècles.

LA SALLE A MANGER

La salle à manger est placée en face de la bibliothèque dont l'atrium la sépare; une large baie partagée en trois par deux pilastres lui donne la lumière; le soffite se divise en caissons, les murs en panneaux rouges, bleus et jaunes servant de champ à tout ce que l'ornementation pompéienne a imaginé de plus délicat, colonnettes fuselées, treillis, cabinets, longs filaments de plantes, guirlandes légères, fleurs aux pétales ailés, fruits blonds ou vermeils, nœuds de rubans, oiseaux, chimères, coupes, instruments de musique.

Le choix des attributs révèle la salle du festin sans rassasier les yeux avant l'estomac, comme on le fait trop souvent par des étalages de victuailles peintes, plus dignes de la boutique d'un marchand de comestibles que de convives délicats. — Des épis, des grappes, des oiseaux, des poissons, du gibier, mêlés discrètement à l'ornementation, marquent seuls au visiteur attentif la destination du lieu.

Sur la cheminée de marbre blanc et or, nous avons remarqué autrefois les bustes du roi de Rome, de la reine Hortense, du prince Jérôme fils, de Louis-Napoléon.

Un beau lustre d'argent oxydé en manière de lampes antiques descend du plafond. La couronne, d'où partent les branches, est formée par des Hercules adossés, la massue au poing; des Minerves sont debout à l'extrémité des bras.

De belles portes en chêne blond, avec bouton de bronze, complètent la décoration.

LE SALON

Le salon, situé au fond de l'atrium, est peint en rouge antique avec une plinthe noire. Sur ces fonds, d'une localité riche et sévère, voltigent les fantaisies légères de l'ornementation gréco-pompéienne, qui ont l'avantage d'égayer les surfaces de l'architecture et de n'en pas déranger les lignes.

Sur la cheminée de marbre blanc sont posés tantôt des vases antiques, des candélabres d'argent oxydé et de grands vases de porcelaine d'un bleu foncé veiné d'or imitant le lapis-lazuli.

Gérôme, l'antique par excellence, a eu tout naturellement les honneurs du salon. On y admire de lui trois peintures, qui, selon son opinion, sont peut-être les plus belles choses qu'il ait signées. La peinture centrale représente Homère aveugle, conduit par un jeune Ionien. Cette grande figure du poëte des poëtes est au repos, le front tout resplendissant des rayons de la pensée. L'enfant qui s'appuie sur Homère, est une adorable création où la fleur de jeunesse est répandue. Dans les deux pendentifs qui accompagnent si heureusement ce chef-d'œuvre, le peintre a voulu symboliser l'Iliade et l'Odyssée, ces deux filles d'Homère, immortelles comme lui.

LES CHAMBRES A COUCHER

La chambre à coucher du Prince avoisine le salon ; elle est ornée de velariums jaunes tendus sur un fond de rouge.

Le cabinet de toilette est lilas, avec filets, baguettes, cadres, palmettes de diverses couleurs.

La chambre à coucher de la Princesse est dans le même style que celle du Prince ; mais elle est toute tendue de soie bleu de ciel. On y remarque une vierge de Van Eyck et une charmante tête de Greuze.

LA SERRE

Devant le salon ou mieux sur la façade intérieure de la maison, se développe une serre au pavé de mosaïque, avec bassin et fontaine de marbre, où l'architecte a réalisé ces constructions imaginaires que les artistes pompéiens ont si souvent peintes dans leurs panneaux décoratifs.

Les parois murales de la serre sont ornées de lauriers-roses et d'oliviers peints sur fond bleu. Les parois transparentes ont des vitres réunies par de frêles colonnettes d'une élégante légèreté.

C'est dans la serre que l'adorable statue de M. Aizelin, — la Nyssia, — est posée légèrement sur la fontaine où elle semble toujours vouloir descendre pour se baigner. On n'est pas plus belle, mieux drapée et plus pudique.

La chaste blancheur du marbre n'est-elle pas une robe virginale? On voit bien que si cette statue est presque nue, elle ne le sait pas. Les nymphes de Diane s'agenouilleraient en passant devant cette baigneuse adorable et baiseraient sur l'herbe bocagère l'empreinte de ses pieds; les vierges de Vesta respireraient dans son atmosphère l'air vif des régions sereines qui chassent les orages de l'âme.

Cette belle statue appelle et retient le regard charmé. Tout y révèle la caresse amoureuse et pudique d'un ciseau savant.

LE BAIN TURC

Quand on a franchi la porte où conduit le passage, une surprise vous attend. Vous pensiez arriver à des thermes, à un tepidarium, comme celui où Chasseriau a fait se reposer les femmes de Pompéi; pas du tout : vous tombez dans un bain turc. Voilà la coupole bleue découpée d'étoiles laissant filtrer un jour mystérieux, les tables de massage, les fontaines pour les ablutions, le cabinet pour faire le kief. Nous qui avons visité Constantinople, nous concevons très-bien ce caprice oriental, qui, du reste, ne dérange en rien la physionomie antique de la maison.

IV

ÉTUDES SUR LE PALAIS POMPÉIEN

Tous les savants, tous les critiques, tous les curieux ont écrit des pages dignes d'étude sur Pompéi et le palais du prince Napoléon. Nous ne voulons pas surcharger d'un gros livre le public lettré, qui retrouvera ailleurs le beau style de M. de Sainte-Beuve et de M. de Saint-Victor. M. Ernest Feydeau, qui est lui aussi un Grec réveillé parmi nous, a décrit le palais Pompéien. Voici quelques pages savantes sur la façade, le prothyrum, l'atrium et le solarium :

« La façade est simple et fort belle. Elle se compose de deux grandes surfaces planes posées sur un soubassement peint en rouge, et chacune d'elles est percée d'une niche et de deux fenêtres superposées, avec des panneaux délicieusement enrichis par les caprices de l'architecture polychrome. Les niches, à crossettes et à fonds rouges, contiennent deux statues en bronze vert, de grandeur naturelle, une Minerve, la poitrine couverte de l'égide, et un Achille nu et casqué. Des lignes de couleurs variées dessinent et accentuent les moindres ornements de la frise, et l'acrotère ou faîte de l'édifice est bordé, dans toute sa longueur, de petites têtes de lions. Enfin, au milieu de la façade, un avant-corps qu'on devrait appeler *tétrastyle*, s'il n'avait pas deux piliers aux angles, fait saillie sur la cour ou *area*, formant une sorte de portique ou de vestibule extérieur.

» Ce portique est l'objet important de la façade. Ses deux piliers et ses deux colonnes d'ordre ionique supportent un riche entablement brodé d'ornements légers qu'avivent de fines touches de couleur. Les piliers et les colonnes à bases rouges encadrées de filets verts sont enduits de jaune jusqu'au tiers de la hauteur ; la partie supérieure est blanche jusqu'aux chapiteaux dont les reliefs ont reçu des traits de nuances variées. Mais ne croyez pas qu'il y ait rien de faux ou de criard dans l'emploi de ces tons différents pour décorer l'extérieur des édifices. Il est heureusement avéré aujourd'hui que tous les peuples anciens peignaient toujours leurs monuments, et, fort souvent, quelques parties de leurs statues ; et les monuments ne faisaient que gagner à ce mariage logique de la couleur et de la ligne.

» Arrêtez-vous un moment devant cette façade qui égaye le regard sans le fatiguer. L'ensemble est vaste, harmonieux, discrètement riche. Le portique ne tire pas l'œil, et cependant il se détache tout à plein sur les deux surfaces plus sobres qui lui servent de pendant. De verts feuillages, des lauriers où frissonnent des bandelettes, s'échappant entre les colonnes des caisses de terre cuite aussi bien que des massifs qui se bombent aux deux angles, le placent à son plan et tressent à ses pieds une gracieuse guirlande. Au-dessus, l'azur du ciel resplendit, inondant d'une clarté douce et profonde le faîte magistral de l'édifice. Tout cela vaut bien qu'on en parle, car on chercherait en vain, dans le monde, une maison plus exactement archaïque et plus agréable pour les yeux.

» Le vestibule extérieur, sorte de passage allongé sous le portique, est pavé de petits cubes de pierre. Deux grands chiens furieux en mosaïque sont dessinés à terre, de chaque côté, avec l'inscription habituelle : *Cave canem*. Les Romains se contentaient souvent de représenter par une peinture les molosses ou chiens d'Épire chargés de veiller à la porte de la maison. De grandes caisses de fleurs posées de chaque côté du seuil font pendant à celles placées entre les colonnes et les piliers, et toute la face de l'édifice couverte par le plafond à caissons bleus du portique est fermée par une grille de bronze à compartiments en losange. Des glaces immenses appliquées contre la grille préservent du froid le vestibule intérieur ou *prothyrum*. Observons, avant d'entrer, que la façade est éclairée le soir par des pots à feu ingénieusement disposés au cœur de vases grecs à larges panses, et par des lampes antiques suspendues contre la grille, dans les entrecolonnements.

» Tournez ce bouton de bronze, poussez la porte en dedans comme le veut la loi romaine et franchissez du pied droit le seuil où le maître a fait graver, selon l'usage, la formule hospitalière : Salve. Vous êtes dans le *prothyrum*, antichambre dans laquelle se tenaient autrefois les esclaves chargés de la garde des portes : aujourd'hui s'y tiendront les valets de pied. — Devant vous, aux deux tiers de la salle, s'élève une balustrade chargée de vases et de trépieds de bronze à chaînettes reployées ; au milieu montent trois degrés conduisant à la partie supérieure de la pièce, qui se trouve ainsi divisée en deux étages. Au fond s'étend le mur de l'*atrium*. De chaque côté, de grands panneaux décorés vont rejoindre un riche plafond à caissons. Mais quelle est cette voix qui vous parle? Levez les yeux. Du milieu du plafond descend une cage de treillis d'or, d'argent et d'ivoire, dans laquelle s'agite une pie, oiseau familier dressé à donner le bonjour à tous ceux qui entrent. N'est-ce pas un usage touchant que celui qui fait saluer les visiteurs d'une maison, dès le seuil, par le seuil même et par un pauvre oiseau prisonnier ?

» Cette antichambre de la maison romaine est régulière et fort belle. Les panneaux, de chaque côté, sont enrichis de peintures alternativement appliquées sur des fonds bleus et d'un rouge sobre, que relève le ton noir du soubassement semé d'iris et de glaïeuls. A droite, c'est l'Automne s'endormant dans les bras de l'Hiver entre un chasseur et une danseuse couverte de voiles de deuil ; à gauche, le Printemps couronnant l'Été de fleurs entre un moissonneur et une Flore à l'air robuste. Les panneaux du fond représentent un autel chargé de fruits et de fleurs autour duquel s'enroule un long serpent, symbole de jeunesse éternelle et de rénovation ; et, sous les traits de la grand'mère du prince, la déesse Panthée, protectrice ou bon génie de la maison. Une ornementation élégante, tirant ses motifs des oiseaux et des plantes, encadre et relie ces tableaux convergeant tous vers le sujet principal de la pièce, qui n'est autre que la porte de l'*Atrium*, grande et belle porte *attique*, c'est-à-dire à jambages inclinés surmontés d'u^n

couronnement, faite en chêne blond sur champ d'érable, rehaussée de baguettes, de rosaces et de boutons de bronze éveillés d'or, avec un gros anneau grec, en bronze, jouant l'office de loquet pour la fermer.

» Gravissons les trois degrés. Nous voici dans la partie supérieure du *prothyrum*, en dehors de la balustrade. A gauche, s'étend un réduit carré, au milieu duquel est placé un énorme candélabre de marbre noir; à droite, un couloir terminé par un escalier droit, qui monte aux appartements du premier étage, précédé par un sphinx portant une lampe de bronze. L'architecte a rigoureusement suivi la prescription romaine, qui ne voulait pas qu'il y eût d'escalier principal dans une maison, — les étages supérieurs ne se composant jamais, à Rome, que d'annexes et de logements de serviteurs. Aussi les escaliers, souvent en bois, étaient-ils incommodes et embarrassés, distribués, selon la nécessité, dans les différentes parties des édifices. — L'escalier de la maison du prince est cependant d'un accès facile, mais il est comme dissimulé dans le fond du couloir, et c'est à peine si l'on peut remarquer, en s'approchant, qu'il est construit de beaux bois d'érable, de citronnier et de merisier.

» La porte ouverte, debout sur le seuil de bronze, on croit d'abord, en contemplant la merveille de marbre, qu'on a fait un rêve en croyant vivre longtemps dans une ville qui porte le nom de Paris. Le monde de l'art se lève devant vous et vous reprend. On respire à l'aise. C'est une bonne chose, après tout, que de regarder une belle chose ; cela vous rafraîchit l'âme, et puis on en a si peu l'occasion.

» Figurez-vous une grande salle rectangulaire composée de quatre galeries couvertes se coupant les unes les autres à angle droit, et laissant entre elles un espace vide, sorte de cour en plein air, occupée par un bassin. Sur les murs ou parois de cette salle s'ouvrent quatre portes se faisant face deux par deux : le sol est revêtu de carreaux de marbre, et le plafond de chaque galerie, légèrement incliné vers le centre de la cour, pose, d'un côté sur le mur, et, de l'autre, sur une grande poutre qui joue le rôle de *soffite*, et dont les points d'intersection s'appuient sur les chapiteaux des colonnes placées aux angles du bassin.

» Ainsi la même disposition que nous avons remarquée sur le plan du sol de la salle se répète fidèlement dans l'agencement du plafond. Le promenoir pavé de marbre qui sert de cadre au bassin est reproduit exactement quinze pieds plus haut par le plafond rectangulaire ; de même le bassin reproduit les dimensions de l'espace vide ou *impluvium* ménagé entre les soffites, et par lequel un jour franc et pur tombe sur la fine nappe d'eau vive.

» Cette charmante disposition architectonique, qui rappelle assez bien l'*andronitis* des maisons grecques et qui devait être conservée comme idée dans le plan des cloîtres du moyen âge et des maisons moresques, fut empruntée par les Romains aux Étrusques de la ville d'Atria. Elle se prêtait admirablement aux usages antiques. C'était dans cette grande et belle salle, sorte de premier salon ou de salon d'attente, — la pièce indispensable, la partie publique et la plus fréquentée de la maison, — que chaque patricien donnait audience à ses clients. C'était à sa porte, auprès du foyer rougissant dans la coupe d'un trépied de bronze, parmi les images des lares, que les plus pauvres d'entre eux recevaient quelques as ou la sportule ; tandis que les plus considérés et les plus riches, vêtus de la toge de rigueur, l'entouraient pour le saluer humblement et lui faire honneur, pour solliciter sa protection bienveillante, pour tirer vanité aux yeux de tous de la familiarité d'un homme puissant, qui n'était souvent qu'une politesse fière, — outrageante, dit Sénèque, — inventée par les grands pour accabler et tenir à distance l'indiscrète obséquiosité. Les Romains ornaient richement cette espèce de théâtre sur lequel, chaque matin, ils se montraient en public. Les dieux domestiques y avaient un petit autel, et, tout au fond, prenant un faible jour sur l'ouverture béante de l'impluvium, trois salles s'ouvraient, contenant les trésors les plus précieux de la famille : l'une, située dans l'axe du bassin de marbre, appelée *tablinum*, était le sanctuaire des arbres généalogiques et des archives ; les deux autres, nommées *les ailes*, recevaient les images des ancêtres modelées en cire, les effigies des nations vaincues, les dépouilles ravies aux ennemis de Rome, tout ce qui faisait la gloire et l'orgueil de ces hommes qui nous ont si bien enseigné la pénible science de la vie.

» L'*atrium* de la maison du prince Napoléon est *tétrastyle*, c'est-à-dire que quatre colonnes seulement supportent les poutres du toit. Le visiteur qui se tient debout sur le seuil, les voit filer devant lui vers l'acrotère de l'impluvium, élégamment posées sur leurs bases grises, avec leurs fûts lisses et vermillons jusqu'au tiers de la hauteur, blonds et cannelés dans la partie supérieure, et couronnés de chapiteaux corinthiens dont les cornes et les acanthes sont délicatement peintes et dorées. Au-dessus de leurs bouquets defeuillages les quatre grandes lignes de l'entablement se découpent dans la lumière, supportant l'acrotère bordé de mufles de lions à langues rouges surmontés de palmettes. A peine le mur du premier étage placé en retraite au-dessus de celui de la salle, et supportant une vitrine qu'on ne peut voir, indique-t-il, dans un angle, sa surface d'un jaune paille égayé de lignes de minium. Le regard est arrêté dans son essor par un grand voile de pourpre tendu sur des câbles d'or au-dessus du bassin, à la hauteur des chapiteaux, et ce voile, flottant doucement au gré de l'air, répand sur toute la salle une sorte d'ombre rose qui donne un ton agréable, doux à l'œil, aux moindres objets. En arrière des deux colonnes du fond se détache sur le mur, peint avec les nuances graves de l'antique et finement rehaussé d'encadrements rouges et lilas, la porte de l'*exèdre* ou salon, qui fait face à celle d'entrée et reproduit les rosaces et patères de bronze à chaque pointe de ses cadres.

» Les étages supérieurs renfermaient les bureaux et les appartements des aides de camp et des secrétaires du prince. Ils prennent tous leur jour sur la partie découverte ménagée au-dessus de l'impluvium, et la terrasse établie sur les quatre plafonds de l'atrium s'étend devant leurs fenêtres attiques comme une sorte de promenoir. Ceci est encore une réminiscence romaine. Il n'y avait pas, en effet, de grande maison à Rome, qui ne fût pourvue de son *solarium*, jardin aérien, inspiré de ceux de Babylone, balançant ses arbres et ses fleurs sur le sommet de tous les corps de logis de l'habitation, faisant jaillir les gerbes perlées de ses fontaines à tous les ronds-points d'intersection des gros murs, et dressant vers le ciel un peuple de blanches statues alignées aux bords des allées droites. C'était une idée charmante que celle-là !

Étendu sur les gazons à plus de soixante pieds en l'air, assis à l'ombre des treilles, au bord des eaux murmurantes, le maître du logis voyait se dessiner sous ses pieds le plan de sa propre demeure, et portant sa vue devant lui, il embrassait toute la ville avec ses ressauts de marbre, ses escalades de frontons, ses bordures de colonnades, ses rayures de rues, ses arènes de cirques et de places, montant, descendant, s'étendant au loin vers les bleuâtres collines, à demi détrempée et fondue dans le jour oscillant et vaporeux. C'était là qu'aux derniers rayons du frileux automne, aux premiers soupirs du printemps paresseux, les femmes épiaient les tièdes effluves du ciel à demi enfouies dans les brumes ; là encore que, dans les soirs embrasés de l'été, elles venaient regarder l'éternel soleil décroître sur l'horizon romain coupé des lignes altières de l'architecture grecque. Souvent elles y prenaient les repas, le front caressé par les molles brises italiennes, à l'odeur des jasmins et des violettes, au chant des oiseaux qui se pourchassaient sous les treillis d'or des volières. Elles y dormaient : elles y vivaient enfin ! car n'est-ce pas réellement vivre que se savourer soi-même au milieu des splendeurs de l'art et de la belle saison du plus riant des climats !

» Le *solarium* de la maison du prince Napoléon, s'il ne réunit pas autant d'attraits et de charmes, n'en est pas moins curieux à visiter. Tout le long des murs, d'un ton paille rehaussé de filets de minium, s'alignent des statues et des bustes ; de beaux vases ansés à larges panses et des caisses de fleurs bordent l'acrotère de l'impluvium hérissé de palmettes rouges. Une énorme lampe de bronze, enfin, descendant du sommet du toit vitré, fait resplendir la nuit, au milieu, sa couronne de lumière, dont la masse, comme un soleil à demi submergé, répand dans l'atrium, à travers le voile pourpre qui ondoie au-dessus, une clarté mystérieuse. »

Je voudrais reproduire d'autres belles pages sur ce beau rêve d'un prince artiste réalisé par M. Alfred Normand, un architecte aussi savant [qu'inspiré, qui a le droit de signer cette œuvre en lettres antiques.

V

LE PALAIS-MUSÉE

Ce n'est pas du prince Napoléon qu'on pourra dire : « Qui trop embrasse mal étreint. » Il a embrassé l'art antique et l'art moderne avec la même passion. Pas un peintre, pas un sculpteur, parmi ceux qui vont à la villa Médicis, ne sait comme lui les raretés des Grecs ni même des Romains. Que de fois, dans son palais Pompéien, nous nous sommes attardés jusqu'au plus profond de la nuit, pour discuter sur une fresque, sur un bas-relief, sur un bronze, sur une des raretés apportées jusqu'à nous par cette arche toute divine jetée sur le déluge des vaincus ! Peut-être ceux qui voyaient de loin les lumières de la maison romaine s'imaginaient qu'on s'y amusait bruyamment dans quelques fêtes nocturnes. La fête nocturne, c'était l'horizon ouvert sur le passé, c'était l'histoire éloquente des mondes disparus, c'était l'évocation des grands artistes, qui mieux encore qu'Hérodote et Tacite nous ont transmis ce rayonnement du beau qui est un autre soleil pour nous.

Émile Girardin, Théophile Gautier, Arsène Houssaye, Nestor Roqueplan, Paul de Saint-Victor, Sainte-Beuve s'en souviennent bien.

Cette maison romaine de l'avenue Montaigne l'a échappé belle ; le prince a ses fantaisies en vrai prince qu'il est ; il a mis en vente la maison romaine ; or, qu'allait-il arriver ? Déjà les maçons se promenaient là avec des mètres et des compas. O profanation ! on allait surélever la maison de Diomède de quatre étages ; la spéculation, cette coquine insatiable qui ne respecte rien, allait doter la capitale d'une de ces maisons à cent yeux qui déshonorent l'architecture moderne ; vous savez, ces maisons bâties toutes sur le même modèle, avec quelque semblant d'architecture et de sculpture où la fonte remplace le fer forgé, ou l'art disparaît sous la mécanique.

Mais au dernier moment tout fut sauvé. M. de Rothschild d'ailleurs s'était montré, le prince Couza y voulait établir sa principauté, le général Prim voulait s'y camper — retour d'Espagne. — Voilà que le voisin du prince Napoléon, M. le comte de Quinsonas, l'historien de *Marguerite d'Autriche*, qui habite cette merveille d'architecture gothique, séparée de la maison romaine par un mur à hauteur d'appui, rencontre M. de Lesseps, un autre voisin qui rencontre M. Arsène Houssaye, toujours voisin des choses d'art; survint M. le marquis Costa de Beauregard, un sculpteur au ciseau d'or, qui voulut avoir sa part du musée. On ne causa pas longtemps; le jour même — l'adjudication devait avoir lieu le lendemain — M. de Quinsonas allait trouver le prince, qui signa de bon cœur en apprenant que la maison romaine serait encore la maison romaine.

Le lendemain, ce fut un grand désappointement à la chambre des notaires. Autre désappointement quand on vendit les marbres, les bronzes, les meubles précieux; tout Paris était là, qui pour avoir une merveille, qui pour avoir un souvenir. Tout ce qui était beau, tout ce qui était de style, tout ce qui était rare fut acheté pour le musée.

Il n'y a pas seulement qu'un musée à l'hôtel Pompéien, il y a un théâtre. Une gravure de Flameng, publiée par L'ARTISTE, nous a fait assister à la représentation — je veux dire à la répétition — de *la Femme de Diomède* et du *Joueur de flûte* qui y furent données pour l'Empereur et l'Impératrice; on parle d'y donner encore la comédie antique, et on promet qu'à ce théâtre romain il n'y aura pas de *romains*.

Le palais se peuplera bientôt d'œuvres d'art : marbres, bronzes, tableaux. On se propose d'enrichir plusieurs pièces de curiosités découvertes à Pompéi, afin qu'un savant, un artiste, un lettré, y trouvent une matière féconde à étudier l'antiquité. Ce sera le livre ouvert du passé.

Ceux qui aiment les tableaux s'arrêtent aujourd'hui devant un *Déjeuner de chasse de Louis XV*, le plus beau Lancret qui soit — un Lancret qui vaut un Watteau, — une *Hérodiade* de Léonard de Vinci, un tableau qui n'avait jamais quitté Milan, — une *Diane de Poitiers* de Jean Cousin, une admirable peinture où la préoccupation de la ligne fait deviner le sculpteur; en effet la tête est sculptée autant que peinte. — Il y a aussi un très-beau Giorgione, ce maître rayonnant. — On pourrait parler des Greuze, des Rosalba et des autres : mais j'aime mieux m'arrêter devant ce tableau anonyme, représentant la Comédie-Française au temps de Molière, où Molière lui-même est en scène.

Ce n'est pas cette comédie-là qui vous sera donnée à la Maison Romaine. On répète *la Femme de Diomède*, *le Joueur de flûte*, *le Moineau de Lesbie* et *les Danseuses d'Herculanum*.

Le palais Pompéien sera donc la vraie école de l'antiquité pour l'esprit comme pour les yeux.

L'ARTISTE

JOURNAL DES BEAUX-ARTS, FONDÉ EN 1831.

RÉDACTEUR EN CHEF : ARSÈNE HOUSSAYE

Les Artistes en France et à l'Étranger
Les Musées, — Les Ateliers, — Les Expositions, — Chronique du Monde des Arts

Chaque année : CINQUANTE GRAVURES SUR ACIER ET TROIS GRANDES PLANCHES
représentant le prix de l'abonnement.

PARIS, UN AN, 40 FR. — DÉPARTEMENTS, 44 FR. — ÉTRANGER, 48 FR.

PRIX DU NUMÉRO : 3 FRANCS

On souscrit au bureau du Journal, avenue Friedland, 49.

LA

REVUE DU XIXᴱ SIÈCLE

RÉDIGÉE PAR THÉOPHILE GAUTIER, ÉMILE DE GIRARDIN, LE VICOMTE DE LA GUÉRONNIÈRE
ARSÈNE HOUSSAYE, PAUL DE SAINT-VICTOR, CHAMPFLEURY, ETC.

PARAIT LE 1ᵉʳ DE CHAQUE MOIS, EN UN VOLUME DE 180 A 200 PAGES

Chaque numéro renferme un roman complet et le portrait d'un contemporain, gravé sur acier par les meilleurs artistes.

PRIX DU NUMÉRO : 2 Fr

Tout Souscripteur à l'année a droit à titre de prime à un exemplaire
de la célèbre gravure de GREUZE :

LA CRUCHE CASSÉE

épreuve rouge dont le prix est de 25 francs dans le commerce.

PRIX DE L'ABONNEMENT :

PARIS, 25 FR. — DÉPARTEMENTS, 29 FR. — ÉTRANGER, 32 FR.

DE L'IMPRIMERIE L. TOINON ET Cⁱᵉ, A SAINT-GERMAIN.

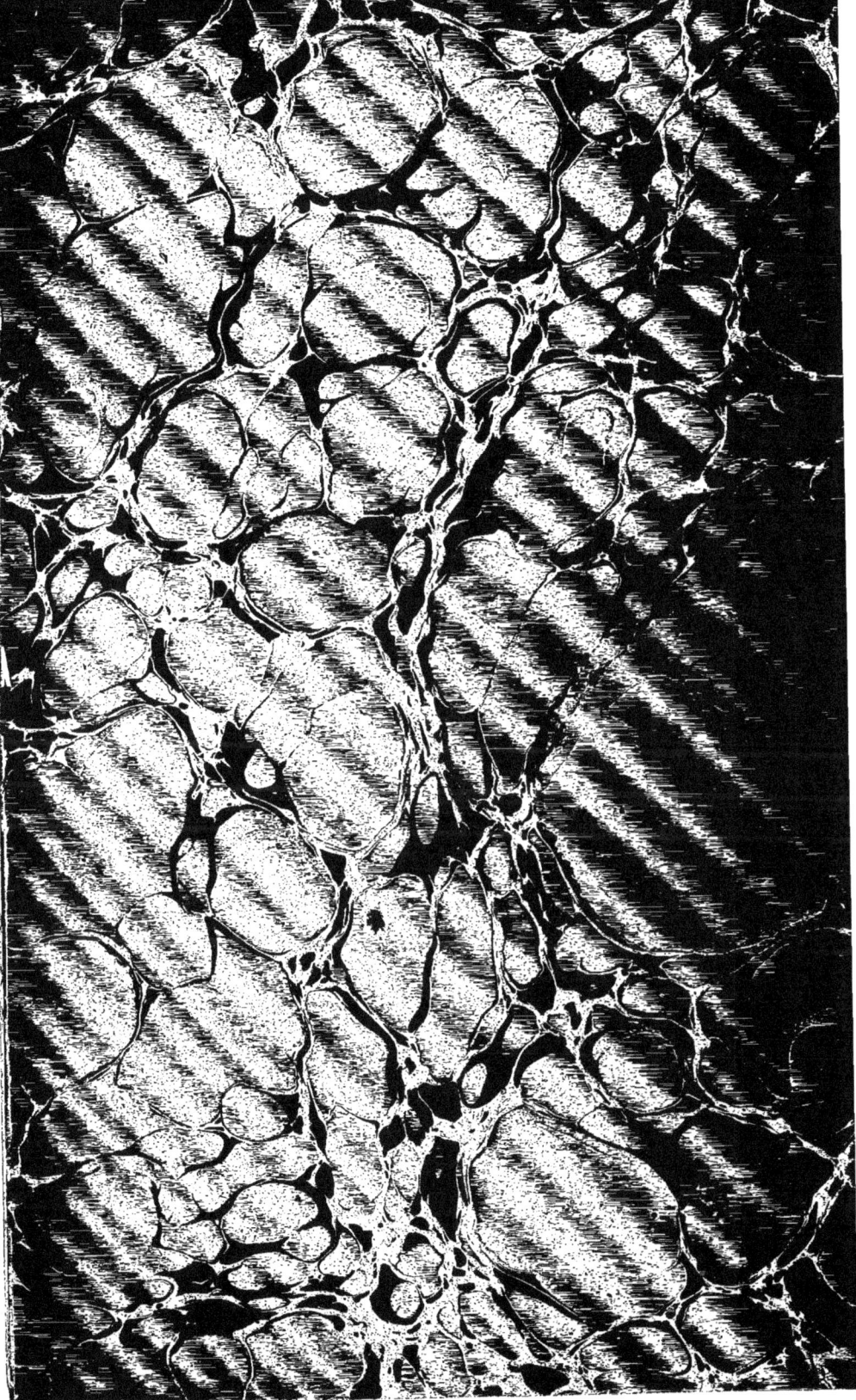

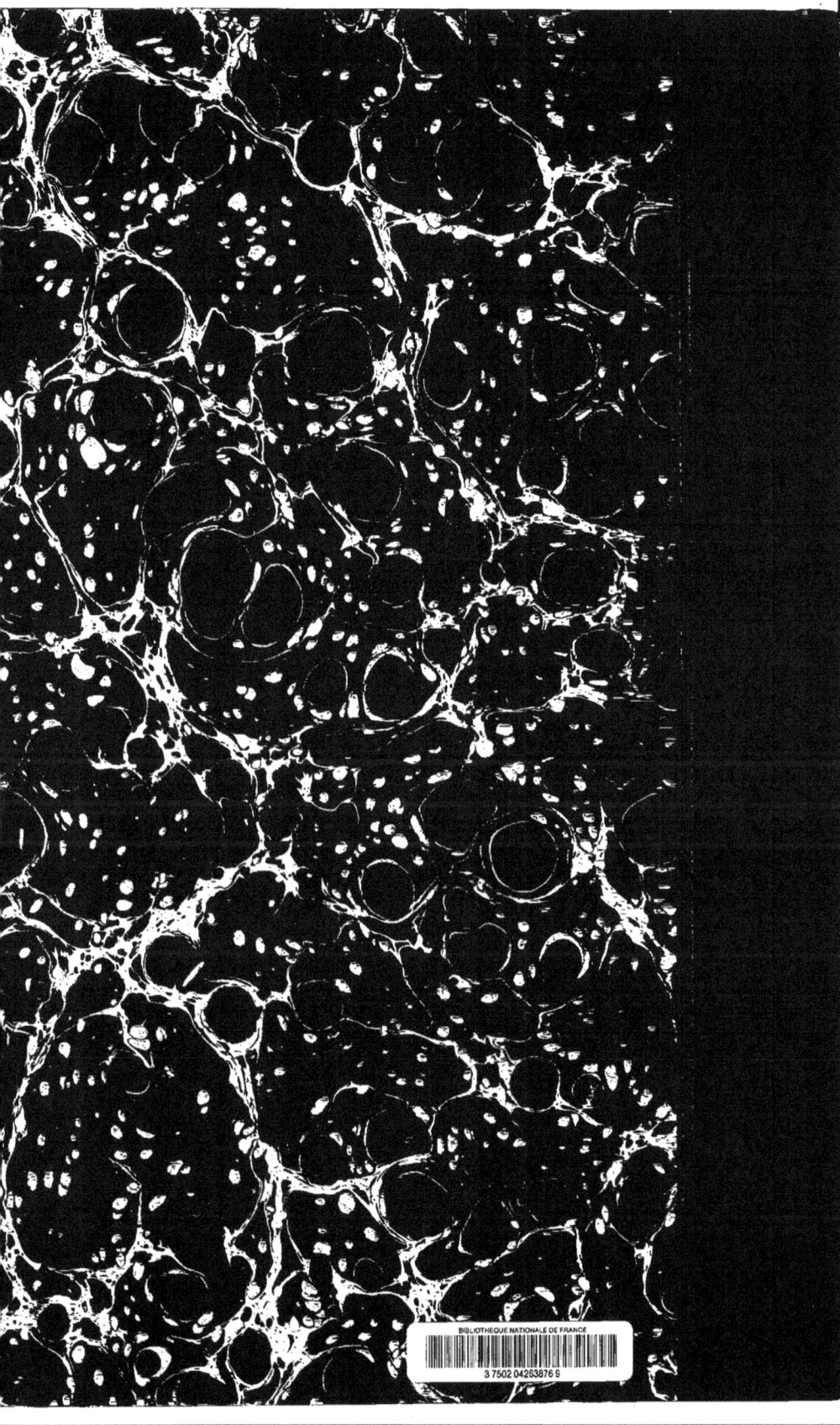

www.ingramcontent.com/pod-product-compliance
Lightning Source LLC
LaVergne TN
LVHW020046090426
835510LV00040B/1434